もくじ

東京書籍版 国語 4年 準拠

教科書の内よう　　教科書 上　　ページ

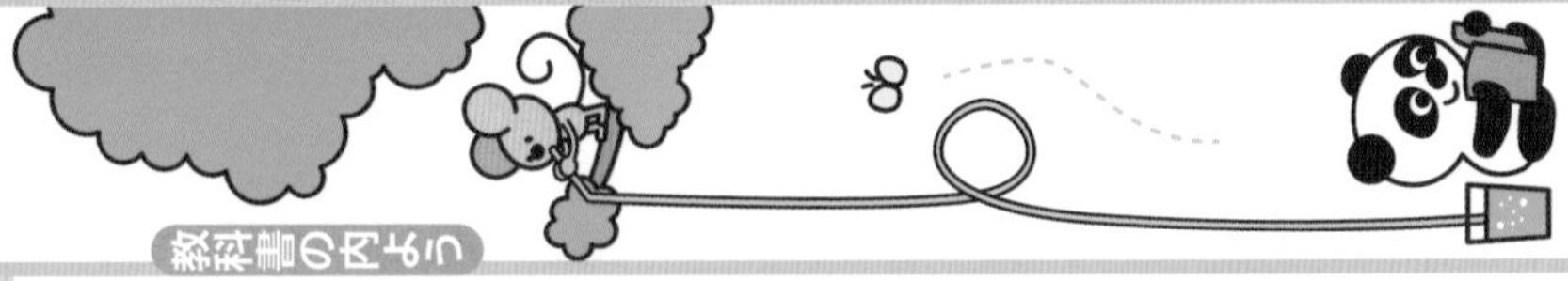

きほん 1

教科書 ㊤ 16～26ページ

こわれた千の楽器

月　　日

10分

／100点

1 ――の漢字の読みがなを書きましょう。 一つ5〔70点〕

(1) こわれた楽器。（　　）
(2) 倉庫がある。（　　）
(3) くもの巣。（　　）
(4) 目を覚ます。（　　）
(5) 働きつかれる。（　　）
(6) 失礼する。（　　）
(7) 光に包まれる。（　　）
(8) 例えば、花など。（　　）
(9) 名案がある。（　　）
(10) 練習を続ける。（　　）
(11) 気持ちの変化。（　　）
(12) 思いが伝わる。（　　）
(13) 力を失う。（　　）
(14) 例文を読む。（　　）

2 ――の言葉の意味をア～エからえらんで、記号で答えましょう。 一つ5〔20点〕

(1) 部屋をのぞく。（　）
(2) 少しきまり悪い。（　）
(3) 雨で町がかすむ。（　）
(4) 水分をおぎなう。（　）

ア すき間から見る。
イ 何となく気まずい。
ウ 足りないものをくわえる。
エ ぼんやりしてものがはっきりと見えなくなる。

3 ――の漢字の、二通りの読みがなを書きましょう。 一つ5〔10点〕

(1) 言葉を覚える。（　　）
(2) 泳ぐ感覚をつかむ。（　　）

答えは65ページ

かくにん 1

こわれた千の楽器

教科書㊤16～26ページ

月　日

10分　／100点

1 □に当てはまる漢字を書きましょう。　一つ8〔64点〕

(1) □□《がっき》を鳴らす。

(2) 商品の□□《そうこ》。

(3) 鳥の□《す》がある。

(4) 朝から□《はたら》く。

(5) □□《しつれい》なたいど。

(6) □《たと》えば、赤や黄など。

(7) □□《めいあん》がうかぶ。

(8) 気持ちが□《つた》わる。

2 ――の言葉を、漢字と送りがなで書きましょう。　一つ8〔24点〕

(1) ふろしきでつつむ。（　　）

(2) 試《し》合をつづける。（　　）

(3) 天気が急にかわる。（　　）

3 次の言葉の説明に合うものをア・イからえらんで、記号で答えましょう。　一つ6〔12点〕

(1) 音読（　）

(2) もく読（　）

ア　文章などを声に出さずに読むこと。

イ　文章などを声に出して読むこと。

きほん 2

漢字を使おう1

教科書㊤27ページ

月　日

10分

／100点

1 ——の漢字の読みがなを書きましょう。　一つ5〔55点〕

(1) 本を借りる。（　　）

(2) 直ちに帰る。（　　）

(3) 説《せつ》明を求める。（　　）

(4) 記録を取る。（　　）

(5) 自立した生活。（　　）

(6) 自ら行う。（　　）

(7) 努力する。（　　）

(8) 自然を守る。（　　）

(9) 本を借用する。（　　）

(10) 追求する。（　　）

(11) 天然の魚。（　　）

2 □に当てはまる漢字を書きましょう。　一つ5〔45点〕

(1) □□《ししゅう》を読む。

(2) □□《ぶんしょう》を書く。

(3) □□《どうわ》作家

(4) □□《ちきゅう》は丸い。

(5) 本の□□《もくじ》。

(6) □□《よてい》を立てる。

(7) □《かかり》を決める。

(8) 漢字を□《しら》べる。

(9) □□《ふでばこ》に入れる。

答えは65ページ

かくにん 2

漢字を使おう1

教科書㊤27ページ

月　日

10分　／100点

1 □に当てはまる漢字を書きましょう。　一つ10〔50点〕

(1) ペンを□《か》りる。

(2) 答えを□《もと》める。

(3) □□《きろく》をやぶる。

(4) □□《どりょく》を続ける。

(5) □□《しぜん》とふれ合う。

2 ——の言葉を漢字に直して、文を書き直しましょう。　全部できて9〔18点〕

(1) もんだいしゅうで、かんじやしゅごのべんきょうをする。

(2) がっきゅういいんの山田くんに、れんらくちょうをわたす。

3 □に当てはまる、同じ読みがなの漢字を書きましょう。　一つ8〔32点〕

(1)
① 本を読み□《かえ》す。
② 弟を先に□《かえ》す。

(2)
① 地□《きゅう》は青い。
② □《きゅう》人広告《こうこく》を出す。

きほん 3

教科書（上）28～37ページ

図書館へ行こう
きせつの足音――春
話を聞いて質《しつ》問しよう

月　日

10分　／100点

1 ――の漢字の読みがなを書きましょう。　一つ8〔56点〕

(1) 分類する。

(2) 正しい方法。

(3) 資《し》料をさがす。

(4) 別の話になる。

(5) 祭りに参加する。

(6) 植物の芽。

(7) 図書館の司書。

2 次の説《せつ》明に合う言葉をア～エからえらんで、記号で答えましょう。〔12点〕

・事がらを短くまとめ、一つ一つならべて書く書き方。（　　）

ア　あらすじ

イ　だん落

ウ　かじょう書き

エ　要約《ようやく》

3 春の生き物を表す言葉四つに、○をつけましょう。　一つ8〔32点〕

ア（　）ちょう　イ（　）つばめ

ウ（　）せみ　エ（　）はくちょう

オ（　）かえる　カ（　）てんとうむし

キ（　）きつつき　ク（　）すずむし

答えは65ページ

かくにん 3

教科書 上 28～37ページ

図書館へ行こう
きせつの足音——春
話を聞いて質《しつ》問しよう

月　日

10分　／100点

1 □に当てはまる漢字を書きましょう。　一つ8〔56点〕

(1) 本の□□《ぶんるい》。

(2) □□《ほうほう》を考える。

(3) □《べつ》の資《し》□《りょう》を借りる。

(4) □□《さんか》者

(5) 草の□《め》。

(6) □□《ししょ》の先生。

2 □に当てはまる漢字を書きましょう。　一つ8〔32点〕

(1)
① □□《さんこう》にする。
② お寺に□《まい》る。

(2)
① 石を□□《かこう》する。
② 水を□《くわ》える。

3 次の絵の(1)～(3)に当てはまる言葉をア～ウからえらんで、記号で答えましょう。　一つ4〔12点〕

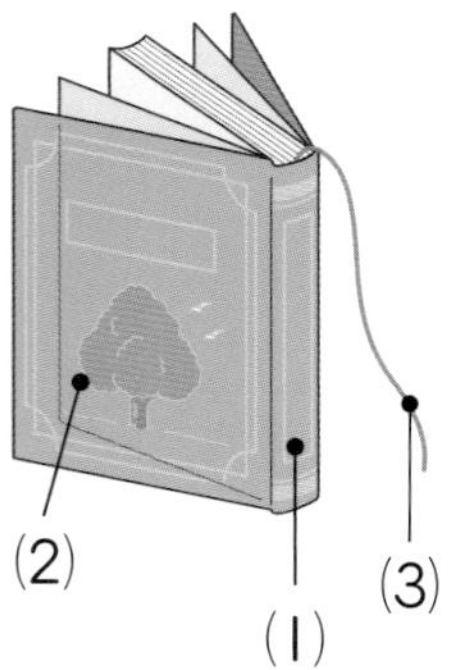

(1)（　　）
(2)（　　）
(3)（　　）

ア 表紙　イ せ　ウ しおり

きほん 4

教科書 上 38～41ページ

漢字辞典の使い方

月　日

10分　／100点

1 ――の漢字の読みがなを書きましょう。 一つ5〔55点〕

(1) 漢字辞典（　　）
(2) 成り立ち（　　）
(3) 説明する。（　　）
(4) 連休をとる。（　　）
(5) 鳥が連なる。（　　）
(6) 正しい筆順。（　　）
(7) 音訓さく引（　　）
(8) 三種類（　　）
(9) 便利なさく引。（　　）
(10) けがを治す。（　　）
(11) 花の種をまく。（　　）

2 ――の漢字の、三通りの読みがなを書きましょう。 一つ10〔30点〕

(1) 明治時代の本。（　　）
(2) 全治三か月だ。（　　）
(3) 国を治める。（　　）

3 次のような場合、どのさく引で漢字を調べますか。ア～ウからえらんで、記号で答えましょう。 一つ5〔15点〕

(1) 総《そう》画数が分かる場合（　）
(2) 音や訓が分かる場合（　）
(3) 部首が分かる場合（　）

ア 音訓さく引を使う。
イ 部首さく引を使う。
ウ 総画さく引を使う。

答えは66ページ

かくにん 4

漢字辞典の使い方

教科書㊤38～41ページ

月　日

10分　／100点

1 □に当てはまる漢字を書きましょう。　一つ8〔64点〕

(1) 国語□□《じてん》

(2) 漢字の□《な》り立ち。

(3) 使い方の□□《せつめい》。

(4) □□《れんきゅう》の予定。

(5) □□《ひつじゅん》を調べる。

(6) 同じ□□《しゅるい》の動物。

(7) □□《べんり》な道具。

(8) 病気を□《なお》す。

2 漢字じてんで「頭」を調べます。次は、どのさく引を使ったさがし方ですか。ア～ウからえらんで、記号で答えましょう。　一つ12〔36点〕

(1) 音読みの「トウ」か、訓読みの「あたま」でさがす。（　）

(2) 「頭」の画数を数え、十六画の漢字の中からさがす。（　）

(3) 「頁(おおがい)」の画数を数えて、「頁」のページを見つけ、その中からさがす。（　）

ア　音訓さく引

イ　部首さく引

ウ　総《そう》画さく引

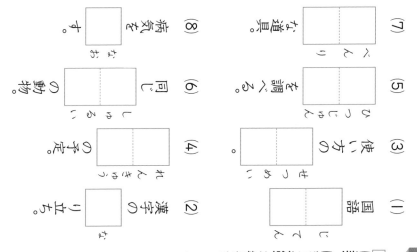

きほん 5

教科書 上 42～52ページ

ヤドカリとイソギンチャク

月　日

10分　／100点

1 ――の漢字の読みがなを書きましょう。　一つ6〔48点〕

(1) 虫の観察。（　　）
(2) 実験をする。（　　）
(3) タコの好物。（　　）
(4) はりが飛び出す。（　　）
(5) 生物の関係。（　　）
(6) 博士《し》が調べる。（　　）
(7) 勝負の結果。（　　）
(8) 機会がふえる。（　　）

2 ――の言葉の意味をア～エからえらんで、記号で答えましょう。　一つ7〔28点〕

(1) いかにも重そうだ。（　　）
(2) えさをとらえる。（　　）
(3) しきりに動く。（　　）
(4) 後ずさりする。（　　）

ア　たびたび。何度も。
イ　つかまえる。
ウ　見るからに。どう見ても。
エ　前を向いたままで後ろに下がること。

3 次の漢字の筆順の正しいほうに、○をつけましょう。　一つ8〔24点〕

(1) 録
ア（　）𠆢 仐 仐 金 釒 釒 釒 鈩 録
イ（　）𠆢 仐 仐 金 釒 釒 鈩 鈩 録

(2) 法
ア（　）丶 冫 氵 汁 汁 法 法
イ（　）丶 冫 氵 汁 汁 法 法

(3) 例
ア（　）ノ 亻 亻 仴 伢 例 例
イ（　）ノ 亻 仃 仴 伢 例 例

答えは66ページ

かくにん 5

教科書㊤42〜52ページ

ヤドカリとイソギンチャク

月　日

10分　／100点

1 □に当てはまる漢字を書きましょう。　一つ7〔56点〕

(1) □□《かんさつ》日記

(2) 理科の□□《じっけん》。

(3) □□《こうぶつ》を食べる。

(4) 糸が□《と》び出す。

(5) □□《かんけい》が深まる。

(6) 父は文学□《はく》士《し》だ。

(7) □□《けっか》が分かる。

(8) 旅行の□□《きかい》。

2 □に当てはまる、同じ部首の漢字を書きましょう。　一つ7〔28点〕

(1) □《けっ》局同じだ。

(2) 同□《きゅう》生に会う。

(3) 最《さい》□《しゅう》回を見る。

(4) □《みどり》色のバッグ。

3 次の言葉に続くものを□からえらんで、（　）に書きましょう。　一つ8〔16点〕

(1) 両手に大きな花たばを（　　　）。

(2) ねこがわたしに体を（　　　）。

おしつける　はがす　かかえる　つかまえる

きほん 6

教科書㊤53～61ページ

漢字を使おう2
じょうほうのとびら　引用する
わたしのクラスの「生き物図かん」

月　日

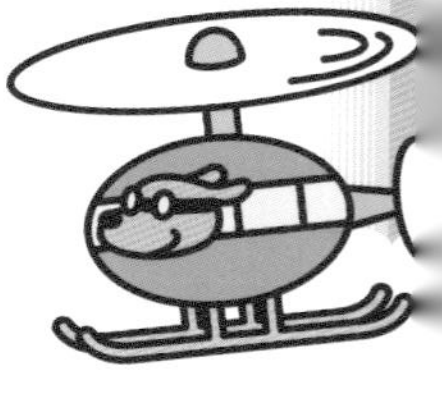

10分

／100点

1 ――の漢字の読みがなを書きましょう。　一つ6〔54点〕

(1) 量が多い。　(　)

(2) 熱湯を注ぐ。　(　)

(3) 清水をくむ。　(　)

(4) 漁船に乗る。　(　)

(5) 大漁をよろこぶ。　(　)

(6) 明朝に出かける。　(　)

(7) 害虫をとらえる。　(　)

(8) 材料をさがす。　(　)

(9) 本が完成する。　(　)

2 ――の漢字の、二通りの読みがなを書きましょう。　一つ7〔14点〕

(1) 身も心も清める。　(　)

(2) 清書する。　(　)

3 □に当てはまる漢字を書きましょう。　一つ4〔32点〕

(1) □□《かぞく》で話す。

(2) 自分の□□《へや》。

(3) 本を□□《せいり》する。

(4) □□《ぎんいろ》の紙。

(5) □□《しゃこ》をたてる。

(6) □□《ごかい》に上がる。

(7) □□《しゅくだい》をすませる。

(8) □□《じゆう》に決める。

答えは66ページ

かくにん 6

教科書㊤53〜61ページ

漢字を使おう2 じょうほうのとびら 引用する わたしのクラスの「生き物図かん」

月　日

10分　／100点

1 □に当てはまる漢字を書きましょう。　一つ9〔54点〕

(1) 水の□《りょう》を調べる。

(2) □□《ねっとう》をかける。

(3) 手紙の□□《せいしょ》。

(4) □□《ぎょせん》が集まる。

(5) □□《がいちゅう》たいじ

(6) 工作の□□《ざいりょう》。

2 □に当てはまる、同じ部首の漢字を書きましょう。　一つ10〔30点〕

(1) □《いえ》に帰る。

(2) □《かん》結する。

(3) 有□《がい》だ。

3 引用の仕方について、(　)に当てはまる言葉をア〜エからえらんで、記号で答えましょう。　一つ4〔16点〕

(1) 引用する部分は、元の(　　)を変えずにぬき出す。

(2) 書名、(　　)、出版《ぱん》社名、引用する部分が書かれていたページなどを正しく書く。

(3) 引用する部分には(　　)などをつける。

(4) 文章全体ではなく、(　　)だけを引用する。

ア かぎ(「　」)　イ ひつような部分

ウ 言葉　エ 筆者名(作者名)

きほん 7

走れ

教科書㊤62～78ページ

月　日

10分

／100点

1 ――の漢字の読みがなを書きましょう。　一つ6〔72点〕

(1) 手伝いをする。（　）
(2) 短きょり走（　）
(3) 約束する。（　）
(4) 保《ほ》護《ご》者席（　）
(5) 二位になる。（　）
(6) 母が笑う。（　）
(7) 特製《せい》の弁《べん》当。（　）
(8) あつ焼きたまご（　）
(9) 競技《ぎ》が始まる。（　）
(10) 初めて見る。（　）
(11) 旗をふる。（　）
(12) 最も小さい。（　）

2 次の言葉の意味をア～ウからえらんで、記号で答えましょう。　一つ6〔18点〕

(1) ゆううつ（　）　(2) かすか（　）
(3) ほこらしい（　）

ア　得《とく》意になって、他の人にじまんしたい様子。
イ　心が晴れない様子。
ウ　消えそうなほど弱々しい様子。

3 ――の漢字の、二通りの読みがなを書きましょう。　一つ5〔10点〕

(1) 初心をわすれず勉強する。（　）
(2) サッカーの試《し》合《あい》で初得点をあげる。（　）

答えは66ページ

かくにん 7

走れ

教科書 上 62〜78ページ

月　日

10分　／100点

1 □に当てはまる漢字を書きましょう。　一つ8〔80点〕

(1) □□《やくそく》を守る。

(2) □《せき》にすわる。

(3) □□《にい》の結果。

(4) 大声で□《わら》う。

(5) □《とく》製《せい》の料理。

(6) □《や》きおにぎり

(7) □《きょう》技《ぎ》に出る。

(8) □《はじ》めての旅。

(9) □《はた》をかかげる。

(10) □《もっと》もおいしい。

2 □に当てはまる、同じ読みがなの漢字を書きましょう。　一つ5〔10点〕

(1) 先□《やく》がある。

(2) □《やく》場で働く。

3 （　）に当てはまる言葉をあとからえらんで、記号で答えましょう。　一つ5〔10点〕

(1) うそつきと言われて、（　　）になった。

ア むこう　イ むき　ウ むり

(2) 百点のテスト用紙を、母に（　　）をはって見せた。

ア かた　イ むね　ウ ひじ

教科書 上 79ページ

漢字を使おう３

月　日

10分　／100点

1 ――の漢字の読みがなを書きましょう。　一つ5〔30点〕

(1) 令《れい》和元年（　　）
(2) 健康によい。（　　）
(3) 上達する。（　　）
(4) 次男が生まれる。（　　）
(5) 赤道に近い。（　　）
(6) 月の半ば。（　　）

2 □に当てはまる漢字を書きましょう。　一つ5〔70点〕

(1) □□《はやお》きする。
(2) □□《だいひょう》を決める。
(3) 先生に□□《ちゅうい》される。
(4) □《いき》つぎをする。
(5) □□□《たいいくかん》へ行く。
(6) □□《きたい》される。
(7) □□《はちびょう》の間。
(8) □□《しょうぶ》する。
(9) □□《うんどう》する。
(10) くぎを□《う》つ。
(11) ダンスの□□《れんしゅう》。
(12) 海で□《およ》ぐ。
(13) □□《しんたい》測《そく》定
(14) □《わる》ふざけをする。

答えは67ページ

かくにん 8

漢字を使おう3

教科書㊤79ページ

月　日

10分

／100点

1 □に当てはまる漢字を書きましょう。　一つ8〔48点〕

(1) 平成□□《がんねん》

(2) □□《けんこう》な生活。

(3) □□《じょうたつ》が早い。

(4) 父は□□《じなん》だ。

(5) □□《せきどう》上の国。

(6) 五月の□《なか》ば。

2 ——の言葉を、漢字と送りがなで書きましょう。　一つ10〔20点〕

(1) つまずいてころぶ。（　　　）

(2) ボールをなげる。（　　　）

3 □に当てはまる、同じ部首の漢字を書きましょう。　一つ8〔32点〕

(1) 荷物を□《はこ》ぶ。

(2) 家の□《ちか》くの公園。

(3) □《はや》く走る。

(4) 完全試合《じあい》を□《たっ》成する。

きほん 9

教科書㊤80～85ページ

言葉相談室　人物の気持ちと行動を表す言葉
山場のある物語を書こう

月　日

10分

／100点

1 ――の漢字の読みがなを書きましょう。　一つ6〔36点〕

(1) 絵画を見る。（　　）

(2) 成功する。（　　）

(3) 失敗する。（　　）

(4) 失望する。（　　）

(5) 友達になる。（　　）

(6) 望みを持つ。（　　）

2 次の言葉の意味をア～エからえらんで、記号で答えましょう。　一つ8〔32点〕

(1) ゆだんする（　）　(2) 感げきする（　）

(3) ゆううつになる（　）　(4) まい上がる（　）

ア　気持ちが強く動かされること。

イ　気をゆるめ、注意しないこと。

ウ　心がしずむこと。

エ　調子に乗り、うかれること。

3 （　）に当てはまる言葉をア～エからえらんで、記号で答えましょう。　一つ8〔32点〕

(1)（　）してぼうしをなくしてしまった。

(2) なくしたぼうしが見つかって（　）した。

(3) 苦手ななわとびに（　）した。

(4) なわとびを失敗して（　）した。

ア　ちょうせん　　イ　うんざり

ウ　うっかり　　エ　安心

答えは67ページ

かくにん 9

教科書 ㊤ 80〜85ページ

言葉相談室　人物の気持ちと行動を表す言葉
山場のある物語を書こう

月　日

10分　／100点

1 □に当てはまる漢字を書きましょう。　一つ5〔20点〕

(1) □《かいが》をかく。

(2) □《せいこう》をよろこぶ。

(3) □《しっぱい》から学ぶ。

(4) □《しつぼう》から立ち直る。

2 □に当てはまる漢字を書きましょう。　一つ7〔56点〕

(1) ① 絵を□《なら》う。　② □《れんしゅう》する。

(2) ① 感しゃを□《あらわ》す。　② □《ひょうめん》をみがく。

(3) ① □《もっと》も大きい。　② □《さいしょう》の単《たん》位。

(4) ① きれいな□《いろ》。　② □《にしょく》のペン。

3 組み立てをくふうして物語を書くポイントについて、（　）に当てはまる言葉をア〜ウからえらんで、記号で答えましょう。　一つ8〔24点〕

(1) 始まりの場面のあと、（　）をむかえ、それから終わりの場面が続くという組み立てで物語を書く。

(2) 物語の山場でどのような（　）が起こるかを考える。

(3) 山場では、何が、（　）について考える。

ア 山場　イ なぜ変わったのか　ウ 大きな変化

きほん 10

教科書㊤86ページ

漢字を使おう4

月　日

10分　／100点

1 ——の漢字の読みがなを書きましょう。　一つ5〔55点〕

(1) 共感する。（　　）
(2) 英語を話す。（　　）
(3) 意外な結末。（　　）
(4) 本を愛する。（　　）
(5) 分が悪い。（　　）
(6) 天候がよい。（　　）
(7) 紙で風車を作る。（　　）
(8) 紙を折る。（　　）
(9) サイン用色紙（　　）
(10) 共に行く。（　　）
(11) 苦労《ろう》の末。（　　）

2 □に当てはまる漢字を書きましょう。　一つ5〔45点〕

(1) □《むかし》話を聞く。
(2) ぎ□《しき》を行う。
(3) □□《しょうわ》生まれ
(4) かき□《ごおり》を食べる。
(5) □□《ぶんか》を学ぶ。
(6) □□《きおん》が下がる。
(7) □□《じんじゃ》に行く。
(8) □□《どうぐ》をしまう。
(9) 読書□□《かんそう》文

答えは67ページ

かくにん 10

漢字を使おう４

教科書㊤86ページ

月　　日

10分　／100点

1 □に当てはまる漢字を書きましょう。　一つ8〔48点〕

(1) □□《きょうかん》できる話。

(2) □□《えいご》が好きだ。

(3) □□《けつまつ》を知る。

(4) 平和を□《あい》する。

(5) □□《てんこう》が不《ふ》順だ。

(6) 話のこしを□《お》る。

2 ――の言葉を、漢字と送りがなで書きましょう。　一つ8〔40点〕

(1) 宿題がおわる。（　　）

(2) ペンをつかう。（　　）

(3) ルールをまもる。（　　）

(4) 本をひらく。（　　）

(5) 川のながれ。（　　）

3 □に当てはまる、同じ部首の漢字を書きましょう。　一つ3〔12点〕

(1) □《かん》動する。

(2) □《い》味を調べる。

(3) 花を□《あい》する。

(4) □《あく》役をえんじる。

きほん 11

ローマ字の書き方

教科書㊤87〜89ページ

月　日

10分　／100点

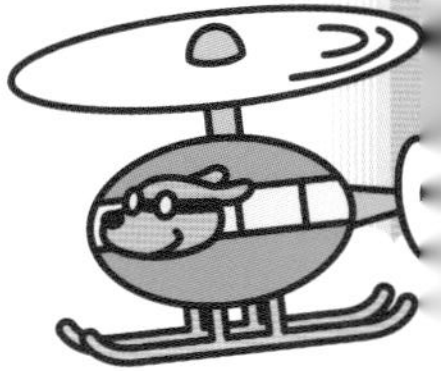

1 ――の漢字の読みがなを書きましょう。〔12点〕

二通りの考え方。
（　　　）

2 次のローマ字で書かれた言葉の読み方を、ひらがなで書きましょう。一つ12〔48点〕

(1) otôsan（　　　）

(2) densya（　　　）

(3) gakkô（　　　）

(4) hon’ya（　　　）

3 次の言葉の書き方が正しいほうに、○をつけましょう。一つ10〔40点〕

(1) マッチ
ア（　）matii
イ（　）matti

(2) ぼうし
ア（　）bôsi
イ（　）bousi

(3) 単《たん》位
ア（　）tani
イ（　）tan’i

(4) おもちゃ
ア（　）omotta
イ（　）omotya

答えは67ページ

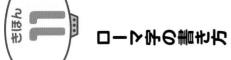

かくにん 11

教科書 上 87〜89ページ

ローマ字の書き方

月　　日

10分

／100点

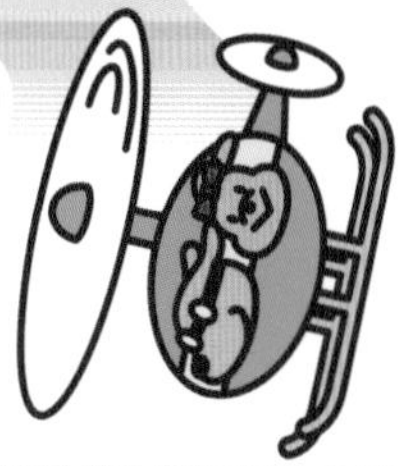

1 □に当てはまる漢字を書きましょう。〔12点〕

□《ふた》つに分かれる。

2 次のローマ字で書かれた言葉の読み方を、ひらがなで書きましょう。一つ12〔48点〕

(1) Tôkyô（　　　）

(2) CHIBA（　　　）

(3) den'en（　　　）

(4) chûsha（　　　）

3 次の言葉を、ローマ字の小文字で書きましょう。一つ10〔40点〕

(1) みかづき

(2) 学級

(3) パン屋

(4) 発車

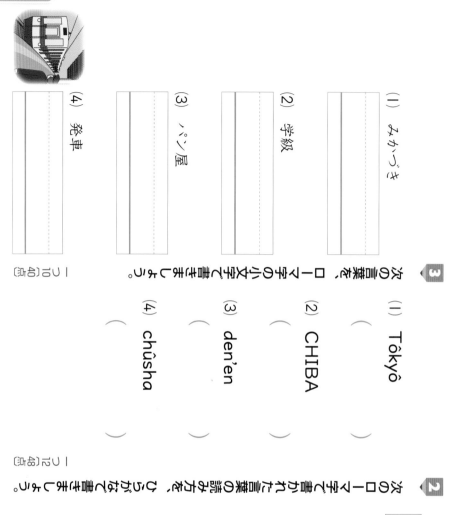

きほん 12

教科書㊤90～103ページ

広告《こく》を読みくらべよう
きせつの足音――夏
言葉相談室　述《じゅつ》語の形、だいじょうぶ？

月　日

10分　／100点

1 ――の漢字の読みがなを書きましょう。　一つ10〔60点〕

(1)（　　）広告《こく》を作る。（広告に傍線）
(2)（　　）目的を決める。（目的に傍線）
(3)（　　）必要がある。（必要に傍線）
(4)（　　）印刷する。（印刷に傍線）
(5)（　　）写真の選び方。（選に傍線）
(6)（　　）的に当たる。（的に傍線）

2 夏の生き物を表す言葉四つに、○をつけましょう。　一つ5〔20点〕

ア（　）せみ　イ（　）うぐいす
ウ（　）めだか　エ（　）赤とんぼ
オ（　）こおろぎ　カ（　）金魚
キ（　）みの虫　ク（　）かぶとむし

3 述《じゅつ》語の形が正しいほうに、○をつけましょう。　一つ5〔20点〕

(1) 弟の好物は
ア（　）カレーが好きだ。
イ（　）カレーだ。

(2) 私は秋が好きだ。なぜなら、
ア（　）紅《こう》葉が美しい季節《きせつ》だからだ。
イ（　）紅葉が美しい季節だ。

(3) この町のよいところは
ア（　）自然が多い。
イ（　）自然が多いところだ。

(4) 妹のゆめは
ア（　）ピアニストになることだ。
イ（　）ピアニストになりたい。

答えは68ページ

かくにん 12

教科書 上 90～103ページ

広告《こく》を読みくらべよう
きせつの足音——夏
言葉相談室　述《じゅつ》語の形、だいじょうぶ？

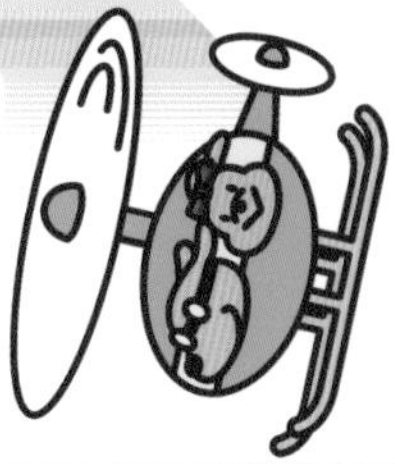

月　　日

10分

／100点

1 □に当てはまる漢字を書きましょう。　一つ10〔40点〕

(1) □□《もくてき》に合わせる。

(2) □□《ひつよう》なもの。

(3) 本を□□《いんさつ》する。

(4) 服を□《えら》ぶ。

2 次の文のまちがっている漢字を正しく書き直しましょう。　一つ10〔40点〕

(1) 広告《こく》の委図を読みとることは重洋だ。

□→□　□→□

(2) 代表線手になれるように筆死で努力する。

□→□　□→□

3 商品の広告について、(　)に当てはまる言葉をア〜オからえらんで、記号で答えましょう。　一つ5〔20点〕

(1) 広告は、商品を(　　)に買ってもらうために作られます。

(2) 広告には、商品を売るために、(　　)やすぐれているところを伝える役目があります。

(3) 目にとまりやすいように、(　　)や色、デザインにくふうがこらされています。

(4) 同じ商品の広告でも、売る相手によって(　　)ものが作られることもあります。

ア　ちがう　　イ　同じ　　ウ　写真

エ　商品の特ちょう　　オ　より多くの人

きほん 13

教科書㊤112〜119ページ

ふしぎ／よかったなあ
お願いやお礼の手紙を書こう

月　日

10分　／100点

1 ――の漢字の読みがなを書きましょう。　一つ10〔50点〕

(1) お願いする。（　　）
(2) 送付する。（　　）
(3) 協力する。（　　）
(4) 願書を出す。（　　）
(5) 足あとを付ける。（　　）

2 次の言葉の意味をア〜カから選んで、記号で答えましょう。　一つ5〔30点〕

(1) たまらない（　）　(2) いじる（　）
(3) かぐわしい（　）　(4) 数かぎりない（　）
(5) めいめいに（　）　(6) みがく（　）

ア　一人一人。それぞれ。
イ　こすってつやを出し、きれいにする。
ウ　数えられないほど多い。
エ　よいにおいがする様子。
オ　がまんができない。
カ　なでたり、さわったりする。

3 次の手紙の形式に合う説明を下から選んで、――で結びましょう。　一つ5〔20点〕

(1) 前文　・　　・ア　結びのあいさつ。
(2) 本文　・　　・イ　書きだしのあいさつや自分のしょうかい。
(3) 末文　・　　・ウ　日付、自分や相手の名前。
(4) 後付け・　　・エ　手紙の用件《けん》。

答えは68ページ

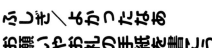

かくにん 13

ふしぎ／よかったなあ
お願いやお礼の手紙を書こう

教科書㊤112～119ページ

月　日

10分　／100点

1 **□に当てはまる漢字を書きましょう。**　一つ8〔32点〕

(1) 一生のお□《ねが》い。

(2) 手紙を□□《そうふ》する。

(3) みんなの□□《きょうりょく》。

(4) □□《がんしょ》を受け取る。

2 **□に当てはまる同じ部首の漢字を書き、（　）にはその部首名をひらがなで書きましょう。**　一つ10〔60点〕

(1) ひそかな□《がん》望。

チームの□《じゅん》位。

部首名…（　　）

(2) □《し》事に行く。

目的地□《ふ》近に着く。

部首名…（　　）

3 **手紙を書くとき、おねがいする内容《よう》になる文二つに、○をつけましょう。**　一つ4〔8点〕

ア（　）暑い日が続いていますので、お体に気をつけてください。

イ（　）ぜひ、取材のごきょう力をおねがいします。

ウ（　）ごきょう力いただき、ありがとうございました。

エ（　）どうかよろしくおねがいいたします。

きほん 14

教科書 上 120～130ページ

ことわざ・故《こ》事成語を使おう
クラスで話し合って決めよう

月　日

10分　／100点

1 ――の漢字の読みがなを書きましょう。 一つ6〔36点〕

(1) ちりが積もる。（　　）
(2) 漁夫の利（　　）
(3) 人と交わる。（　　）
(4) 司会以外の人。（　　）
(5) 議題を決める。（　　）
(6) 目標を持つ。（　　）

2 次の説明に合うことわざをア～オから選んで、記号で答えましょう。 一つ8〔40点〕

(1) どんなによいものでも、かちの分からない人にとっては、役には立たないこと。（　）
(2) 力を入れても、なんの手ごたえも、ききめもないこと。（　）
(3) どんな名人であっても、失敗することがあること。（　）
(4) 急ぐときは、きけんな近道より、遠回りでも安全な道を行くほうが、結局は早いこと。（　）
(5) 失敗しないように、前もって用意しておくこと。（　）

ア のれんにうでおし　　イ 転ばぬ先のつえ
ウ ぶたに真珠《しんじゅ》　　エ 急がば回れ
オ さるも木から落ちる

3 それぞれに合う説明を下から選んで、――で結びましょう。 一つ8〔24点〕

(1) 司会 ・　　・ア 出てきた意見をくらべる。
(2) 提《てい》案者 ・　　・イ 議題から話がそれないように進める。
(3) 参加者 ・　　・ウ 提案に対する質《しっ》問にはっきり答える。

答えは68ページ

かくにん 14

ことわざ・故《こ》事成語を使おう クラスで話し合って決めよう

教科書 上 120～130ページ

月　日

／100点　10分

1 □に当てはまる漢字を書きましょう。　一つ10〔50点〕

(1) ふり□《つ》もる雪。

(2) □□《ぎょふ》の利。

(3) 赤□□《いがい》の色。

(4) □□《ぎだい》を考える。

(5) □□《もくひょう》を立てる。

2 □のカタカナを漢字にして、二字のじゅく語を三つ作りましょう。　一つ10〔30点〕

フ　セキ　ギ

(1) 面□

(2) 農□

(3) □決

3 次の説明に合う故《こ》事成語をア～エから選んで、記号で答えましょう。　一つ5〔20点〕

(1) 物事のつじつまが合わないこと。　（　　）

(2) 何度も話を聞くより、一度でも自分の目で見たほうが、物事がずっとよく分かるということ。　（　　）

(3) 少しのちがいしかなく、ほとんど同じであること。　（　　）

(4) いらないものをつけたすこと。　（　　）

ア　五十歩百歩《ごじっぽひゃっぽ》　　イ　蛇足《だそく》

ウ　百聞《ひゃくぶん》は一見にしかず　　エ　矛盾《むじゅん》

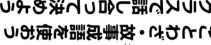

きほん 15

漢字を使おう5

教科書 ㊤ 131ページ

月　日

10分　／100点

1 ――の漢字の読みがなを書きましょう。　一つ4〔44点〕

(1) お祭りの群集。（　）

(2) 羊の群れ。（　）

(3) 郡部に住む。（　）

(4) 消化器官（　）

(5) 血管を調べる。（　）

(6) ピアノの音色。（　）

(7) 変化に富む。（　）

(8) 徒歩で向かう。（　）

(9) 白波が立つ。（　）

(10) 入浴する。（　）

(11) 水を浴びる。（　）

2 □に当てはまる漢字を書きましょう。　一つ7〔56点〕

(1) 日本の□□《ほんしゅう》。

(2) □□《せかい》地図

(3) □《はし》をかける。

(4) □□《きてき》を鳴らす。

(5) □《きし》まで泳ぐ。

(6) しん□《ごう》をわたる。

(7) □□《しごと》をする。

(8) 犬を□《お》う。

答えは68ページ

かくにん 15

漢字を使おう5

教科書㊤131ページ

月　日

／100点　10分

1 □に当てはまる漢字を書きましょう。　一つ8〔40点〕

(1) □□《ぐんしゅう》げきを見る。

(2) □□《けっかん》が太い。

(3) 自然に□《と》む。

(4) □□《とほ》で行く。

(5) □□《にゅうよく》の時間。

2 □に当てはまる、同じ部首の漢字を書きましょう。　一つ6〔36点〕

(1) □《なみ》に乗る。

(2) 美しい□《みずうみ》。

(3) □《みなと》に行く。

(4) 太平□《よう》

(5) □《ふか》い海。

(6) □《き》まりを守る。

3 □に当てはまる、同じ読みがなの漢字を書きましょう。　一つ6〔24点〕

(1)
① みつばちの大□《ぐん》。
② □《ぐん》部でくらす。

(2)
① さいばん□《かん》
② 水道□《かん》

文の組み立てと修飾《しゅうしょく》語

月　日

10分　／100点

1 ――の漢字の読みがなを書きましょう。　一つ8〔56点〕

(1) 街灯の明かり。（　　）

(2) 選挙に行く。（　　）

(3) 投票日（　　）

(4) 卒業する。（　　）

(5) 貨物船が進む。（　　）

(6) 沖の向こう。（　　）

(7) 手を挙げる。（　　）

2 次の文の□の言葉をくわしく説明している修飾《しゅうしょく》語全てに――を引きましょう。　全部できて一つ8〔24点〕

〈例〉 白い　小さな　[ねこが]　鳴く。

(1) 小さい　[子どもが]　笑う。

(2) 茶色い　大きな　[犬が]　ワンと　ほえた。

(3) 姉は、いきおいよく　かさを　[さした]。

3 次の文の「何を」「どのように」「どんな」「どのくらい」に当てはまる言葉をア～エから選んで、記号で答えましょう。　一つ5〔20点〕

わたしは　毎朝　早く、　ア小さな　花だんに　イ水を　ウたくさん　エゆっくりと　かけます。

(1) 「何を」（　　）　(2) 「どのように」（　　）

(3) 「どんな」（　　）　(4) 「どのくらい」（　　）

答えは68ページ

かくにん 16

文の組み立てと修飾語《しゅうしょく》

教科書㊤132〜133ページ

月　日

／100点　10分

1 □に当てはまる漢字を書きましょう。　一つ10〔60点〕

(1) □□《がいとう》がつく。

(2) 会長の□□《せんきょ》。

(3) □□《とうひょう》所

(4) □□《そつぎょう》式

(5) □□□《かもつせん》

(6) □《おき》へ出る。

2 □に当てはまる同じ部首の漢字を書き、（　）にはその部首名をひらがなで書きましょう。　一つ5〔20点〕

(1) 金□《か》を使う。

(2) 売□《ばい》を行う。

(3) 勝□《ぶ》がつく。

部首名…（　　）

3 ——の修飾語《しゅうしょく》がくわしく説明している言葉を書きましょう。　一つ5〔20点〕

(1) ハムスターが、回し車でくるくる回る。（　　）

(2) じゃ口をひねると、急に水が出る。（　　）

(3) 近所で、おいしそうなパン屋を見つける。（　　）

(4) とてもすてきなお店に行く。（　　）

きほん 17

一つの花

教科書㊤134〜146ページ

月　日

10分　／100点

1 ――の漢字の読みがなを書きましょう。　一つ6〔84点〕

(1) 戦争の話。（　　）
(2) 米の配給。（　　）
(3) ご飯を食べる。（　　）
(4) 頭きんをかぶる。（　　）
(5) 包帯をとる。（　　）
(6) 泣き顔になる。（　　）
(7) 軍歌を聞く。（　　）
(8) 兵隊が歩く。（　　）
(9) 一輪の花。（　　）
(10) 朝の情《じょう》景。（　　）
(11) てきと戦う。（　　）
(12) 勝ち負けを争う。（　　）
(13) 朝飯前（　　）
(14) 赤みを帯びる。（　　）

2 ――の言葉の使い方が正しいほうに、○を付けましょう。　一つ5〔10点〕

(1)
ア（　）知らず知らずのうちに言葉を覚えなかった。
イ（　）知らず知らずのうちに覚えていた言葉。

(2)
ア（　）たえずお客さんが店へ行かない。
イ（　）たえずお客さんが店にやってくる。

3 （　）に当てはまる言葉を［　］から選んで、書きましょう。　一つ3〔6点〕

(1) とつぜん（　　）とどこかへ行く。
(2) 楽しそうに（　　）とはしゃぐ。

［きゃっきゃっ　ぷい　とうとう　にっこり］

答えは69ページ

かくにん 17

一つの花

教科書㊤134〜146ページ

月　　日

／100点　10分

1 **□に当てはまる漢字を書きましょう。**　一つ8〔72点〕

(1) □□《せんそう》が終わる。
(2) □□《はいきゅう》の食べ物。
(3) ご□《はん》のしたく。
(4) □□《ほうたい》をまく。
(5) □《な》き顔をかくす。
(6) □□《ぐんか》が聞こえる。
(7) おもちゃの□□《へいたい》。
(8) □□《いちりん》のひまわり。
(9) 物語の情《じょう》□《けい》。

2 **□に当てはまる、同じ部首の漢字を書きましょう。**　一つ7〔14点〕

(1) □《たい》列を組む。
(2) □《いん》長先生

3 **(　)に当てはまる言葉をア〜エから選んで、記号で答えましょう。**　一つ7〔14点〕

(1) この話は、(　　)だれにも話していない。
(2) (　　)出発という時になって、わすれ物に気づいた。

ア　はっきり　　イ　いったい　　ウ　いよいよ　　エ　まだ

きほん 18

教科書 ㊤ 147ページ

漢字を使おう6

月　　日

10分　／100点

1 ――の漢字の読みがなを書きましょう。　一つ5〔50点〕

(1) 青春時代（　　）
(2) 本の後半。（　　）
(3) 人形を集める。（　　）
(4) 地下トンネル（　　）
(5) 浅い川。（　　）
(6) 湖の底。（　　）
(7) 気が散る。（　　）
(8) 愛犬とすごす。（　　）
(9) 散歩する。（　　）
(10) 児童会（　　）

2 □に当てはまる漢字を書きましょう。　一つ5〔50点〕

(1) □□《たいよう》がのぼる。
(2) □《にわ》の草花。
(3) □《はしら》を立てる。
(4) □《はたけ》をたがやす。
(5) □□《しょくぶつ》を育てる。
(6) □《まめ》を食べる。
(7) □《は》がしげる。
(8) □《みどり》が多い町。
(9) 木の□《み》がなる。
(10) 木の□《ね》がはる。

答えは69ページ

かくにん 18

漢字を使おう6

教科書㊤147ページ

月　日

10分　／100点

1 □に当てはまる漢字を書きましょう。　一つ10〔40点〕

(1) ねむりが□《あさ》い。

(2) 海の□《そこ》。

(3) 花が□《ち》る。

(4) □□《じどう》書

2 ――の言葉を、漢字と送りがなで書きましょう。　一つ6〔30点〕

(1) 本をひろう。（　　）

(2) ペンをおとす。（　　）

(3) うつくしい絵。（　　）

(4) あつい夏の日。（　　）

(5) さむい冬の日。（　　）

3 □に対《つい》になる漢字を書きましょう。　一つ5〔30点〕

(1) ① □《あき》の草花。 ↔ ② □《はる》の草花。

(2) ① □《まえ》を向く。 ↔ ② □《うし》ろを向く。

(3) ① □《ふか》いプール。 ↔ ② □《あさ》いプール。

きほん 19

教科書 ㊦ 8～21ページ

くらしの中の和と洋
じょうほうのとびら　観点を立ててくらべる

月　　日

10分　／100点

1 ──の漢字の読みがなを書きましょう。　一つ8〔64点〕

(1) 日本の衣食住。（　　）
(2) 欧《おう》米の文化。（　　）
(3) 家具を置く。（　　）
(4) 点数の差。（　　）
(5) 温度を調節する。（　　）
(6) かん単な動作。（　　）
(7) 位置を変える。（　　）
(8) 日が差す。（　　）

2 次の言葉の意味を下から選んで、──で結びましょう。　一つ6〔24点〕

(1) 伝統《とう》的　・　　・ア　ゆったりと心や体を休める。
(2) 欧米　・　　・イ　昔から受けつがれている様子。
(3) 仕上げる・　　・ウ　ヨーロッパとアメリカのこと。
(4) くつろぐ・　　・エ　作り上げる。完成させる。

3 次の漢字の総《そう》画数を、算用数字で書きましょう。　一つ3〔12点〕

(1) 衣（　　）画
(2) 差（　　）画
(3) 節（　　）画
(4) 単（　　）画

答えは69ページ

かくにん 19

教科書 ㊦ 8〜21ページ

くらしの中の和と洋
じょうほうのとびら　観点を立ててくらべる

月　日

10分　／100点

1 □に当てはまる漢字を書きましょう。　一つ10〔50点〕

(1) □□□《いしょくじゅう》

(2) つくえを□《お》く。

(3) □《さ》を見つける。

(4) 自分で□□《ちょうせつ》する。

(5) かん□《たん》なパズル。

2 形に注意して、□に当てはまる漢字を書きましょう。　一つ10〔40点〕

(1)
① 長さの□《たん》位。
② 鳥の□《す》箱。

(2)
① □《ひょう》面のよごれ。
② □《い》服を着る。

3 次の観点を立ててくらべるとき、くらべる物事として当てはまるものをア〜ウから選んで、記号で答えましょう。　一つ5〔10点〕

観点	くらべる物事：インターネット	くらべる物事：本
(1)	書いた人が分からないことが多い	書いた人の名前が明記されている
(2)	スマートフォンなどで調べられる	図書館などに行かないといけない

(1)（　　）　(2)（　　）

ア 手軽さ　イ 信頼性《しんらいせい》　ウ 料金

きほん 20

教科書㊦22〜27ページ

「和と洋新聞」を作ろう
季《き》節の足音――秋

月　日

10分　／100点

1 ――の漢字の読みがなを書きましょう。　一つ6〔54点〕

(1) 栄養士《し》になる。（　　）
(2) 塩を入れる。（　　）
(3) 無形の文化。（　　）
(4) 遺《い》産がある。（　　）
(5) 農林水産省（　　）
(6) 国が栄える。（　　）
(7) 気力を養う。（　　）
(8) 塩分をとる。（　　）
(9) 子が産まれる。（　　）

2 次の言葉の意味を下から選んで、――で結びましょう。　一つ6〔30点〕

(1) 見出し　・　　・ア　新聞などの名前。
(2) わり付け　・　　・イ　内容《よう》がすぐ分かるように、文章の前に付けた短い文や言葉。
(3) 題字　・　　・ウ　どこに何をどんな大きさで書くかという、紙面の組み立て。
(4) 記事　・　　・エ　文章にする材料を集めること。
(5) 取材　・　　・オ　出来事を伝えるために書かれた新聞などの文章。

3 ――の漢字の、二通りの読みがなを書きましょう。　一つ4〔16点〕

(1)
① 無事に帰る。（　　）
② 心配は無い。（　　）

(2)
① 反省する。（　　）
② むだを省く。（　　）

答えは69ページ

かくにん 20

教科書 ㊦ 22～27ページ

「和と洋新聞」を作ろう
季《き》節の足音――秋

月　日

10分　／100点

1 □に当てはまる漢字を書きましょう。　一つ8〔40点〕

(1) □□《えいよう》士《し》を目指す。

(2) □《しお》をかける。

(3) □□《むけい》の文化。

(4) 遺《い》□《さん》をのこす。

(5) 農林□□□《すいさんしょう》の仕事。

2 ――の言葉を、漢字と送りがなで書きましょう。　一つ8〔48点〕

(1) 街がさかえる。（　　）

(2) 子どもをやしなう。（　　）

(3) 子犬がうまれる。（　　）

(4) むだなことをはぶく。（　　）

(5) 言葉をしらべる。（　　）

(6) このみの色を選ぶ。（　　）

3 秋の生き物を表す言葉四つに、○を付けましょう。　一つ3〔12点〕

ア（　）かぶと虫　イ（　）鹿《しか》

ウ（　）こおろぎ　エ（　）くま

オ（　）つばめ　カ（　）ひぐらし

キ（　）たぬき　ク（　）めだか

きほん 21

教科書 下 28〜33ページ

つなぐ言葉
聞いてほしいな、こんな出来事

月　日

10分　／100点

1 ――の漢字の読みがなを書きましょう。　一つ7〔70点〕

(1) 照明をつける。（　　）
(2) 十月の祝日。（　　）
(3) 試合に勝つ。（　　）
(4) 野生の熊。（　　）
(5) 鹿がすむ。（　　）
(6) 心に残る。（　　）
(7) 不安を感じる。（　　）
(8) 手元を照らす。（　　）
(9) 入学を祝う。（　　）
(10) 再《さい》度試みる。（　　）

2 次の文に合う言葉のほうに、○を付けましょう。　一つ6〔12点〕

(1) {ア（　）口 / イ（　）手} がすべって、おわんを落としてしまった。
(2) はずかしくて、{ア（　）顔 / イ（　）足} が上げられない。

3 （　）に当てはまる言葉をア〜ウから選んで、記号で答えましょう。　一つ6〔18点〕

(1) 部屋が暗かった。（　）、よく見えなかった。
(2) 雨がふった。（　）、予定どおり出かけた。
(3) 弟はサッカーが好きだ。（　）、野球も好きだ。

ア　それに　　イ　だから　　ウ　しかし

答えは70ページ

かくにん 21

教科書㊦28〜33ページ

つなぐ言葉
聞いてほしいな、こんな出来事

月　日

10分　／100点

1 □に当てはまる漢字を書きましょう。　一つ7〔42点〕

(1) □□《しょうめい》を変える。

(2) 明日は□□《しゅくじつ》だ。

(3) □□《しあい》に出る。

(4) □《しか》の親子。

(5) 思い出に□《のこ》る。

(6) □□《ふあん》になる。

2 □に当てはまる同じ部首の漢字を書き、（　）にはその部首名をひらがなで書きましょう。　一つ7〔28点〕

(1) 天□《ねん》記念《ねん》物

(2) 本を参□《しょう》する。

(3) □《くま》の親子。

部首名…（　　）

3 同じ意味になるように、（　）に当てはまる言葉を⬚から選んで書きましょう。同じ言葉は一回しか選べません。　一つ10〔30点〕

(1)
・道で転んだ。しかし、けがはなかった。
・道で転んだ（　　）、けがはなかった。

(2)
・父は歌が上手だ。それに、絵も上手だ。
・父は歌が上手だ（　　）、絵も上手だ。

(3)
・よく練習した。だから、強い相手に勝った。
・よく練習した（　　）、強い相手に勝った。

し　が　ので

きほん 22

じゅく語の意味

教科書 ㊦ 34～35ページ

月　日

10分

／100点

1 ――の漢字の読みがなを書きましょう。

一つ8〔88点〕

(1) 寒冷な地方。（　　）

(2) 声の高低。（　　）

(3) 右折する。（　　）

(4) 不満に思う。（　　）

(5) 未知の生物。（　　）

(6) 父母の会。（　　）

(7) 村の老木。（　　）

(8) 良好な関係。（　　）

(9) 着陸する。（　　）

(10) 伝言ゲーム（　　）

(11) 改行する。（　　）

2 次のような組み合わせでできたじゅく語を、［　］から選んで書きましょう。

一つ3〔12点〕

(1) 意味が対《つい》になる漢字を組み合わせたじゅく語。（　　）

(2) 上の漢字が下の漢字をくわしく説明しているじゅく語。（　　）

(3) 上の漢字が動作や作用を、下の漢字が「～に」「～を」を表しているじゅく語。（　　）

(4) 上の漢字が下の漢字の意味を打ち消しているじゅく語。（　　）

未知　海底　乗車　勝敗

答えは70ページ

かくにん 22

じゅく語の意味

教科書 下 34～35ページ

月　日

10分　／100点

1 □に当てはまる漢字を書きましょう。　一つ9〔72点〕

(1) □《かんれい》前線

(2) □《こうてい》差

(3) □《ふまん》が多い。

(4) □《みち》の世界。

(5) 庭の□《ろうぼく》。

(6) □《りょうこう》な結果。

(7) 月面□《ちゃくりく》

(8) □《かいぎょう》の多い文章。

2 □には、上の漢字と意味が対《つい》になる漢字が入ります。[ ]から選んで、じゅく語を作りましょう。　一つ7〔28点〕

(1) 大□

(2) 長□

(3) 前□

(4) 明□

暗　後
低　小
短　産

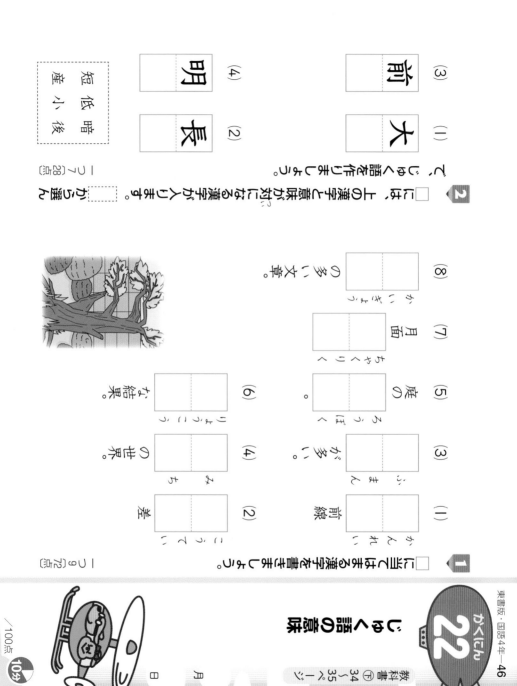

きほん 23

ごんぎつね

教科書 下 36～58ページ

月　日

10分

／100点

1 ――の漢字の読みがなを書きましょう。 一つ5〔60点〕

(1) お城に行く。（　　）
(2) 辺りの山。（　　）
(3) 菜種がら（　　）
(4) ひゃくしょう家（　　）
(5) 井戸の水。（　　）
(6) 松たけご飯（　　）
(7) かた側通行（　　）
(8) 不思議な話。（　　）
(9) 念仏《ぶつ》を聞く。（　　）
(10) 縄を持つ。（　　）
(11) 土を固める。（　　）
(12) 古城の見学。（　　）

2 次の言葉の意味をア～エから選んで、記号で答えましょう。 一つ7〔28点〕

(1) じれったい（　　）
(2) しおれる（　　）
(3) とぐ（　　）
(4) いせいのいい（　　）

ア 思うようにならないで、いらだつ。
イ 水の中でこすり合わせて、しっかりあらう。
ウ 元気がなく、しょんぼりする。
エ いきおいがいい。元気がいい。

3 ――の漢字の、二通りの読みがなを書きましょう。 一つ6〔12点〕

(1) 底辺の長さ。（　　）
(2) 海辺でくらす。（　　）

答えは70ページ

かくにん 23

ごんぎつね

教科書 ㊦ 36～58ページ

月　日

／100点　10分

1 □に当てはまる漢字を書きましょう。　一つ7〔63点〕

(1) お□《しろ》が見える。

(2) □《あた》りをうかがう。

(3) □□《なたね》の油。

(4) □□《いど》をほる。

(5) □《まつ》たけをとる。

(6) かた□《がわ》しか通れない。

(7) □《ねん》仏《ぶつ》をとなえる。

(8) □《なわ》とび

(9) ねん土を□《かた》める。

2 形に注意して、□に当てはまる漢字を書きましょう。　一つ7〔28点〕

(1)
① □《かみ》にいのる。
② □《れい》を言う。

(2)
① 家の□《おもて》。
② □《むぎ》を食べる。

3 ——の言葉の使い方が正しいほうに、○を付けましょう。　〔9点〕

ア（　）毎朝、顔をあらったり、歯をみがいたりする。

イ（　）大雨がふったり、絵をかいたりしてすごした。

きほん 24

漢字を使おう7

教科書㊦59ページ

月　日

10分　／100点

1 ――の漢字の読みがなを書きましょう。　一つ5〔45点〕

(1) 毛筆の字。（　　）
(2) 年賀状《じょう》を出す。（　　）
(3) 答案を書く。（　　）
(4) 正直に言う。（　　）
(5) 船旅を楽しむ。（　　）
(6) 黄金のかざり。（　　）
(7) 晴天の日。（　　）
(8) 羽子板で遊ぶ。（　　）
(9) 景色を見る。（　　）

2 □に当てはまる漢字を書きましょう。　一つ5〔55点〕

(1) □《みじか》くて□《おも》い。
(2) かばんを□《も》つ。
(3) 二□《ばい》の数。
(4) □□《こうふく》な時間。
(5) □□《あじみ》する。
(6) □□《びょうどう》に分ける。
(7) お□《さら》とまな□《いた》。
(8) お□《れい》を言う。
(9) □《くら》い部屋。

答えは70ページ

かくにん 24

漢字を使おう7

教科書 下 59ページ

月　日

10分　／100点

1 □に当てはまる漢字を書きましょう。　一つ9〔18点〕

(1) □□《ねんが》状《じょう》がとどく。

(2) 百点の□□《とうあん》。

2 ——の言葉を、漢字と送りがなで書きましょう。　一つ6〔18点〕

(1) 冬休みがはじまる。（　　）

(2) かるい箱。（　　）

(3) 荷物をうけとる。（　　）

3 形に注意して、□に当てはまる漢字を書きましょう。　一つ8〔32点〕

(1)
① ご飯を□《じ》参する。
② 期□《たい》している。

(2)
① 黒□《ばん》を写す。
② □《さか》道をのぼる。

4 □に当てはまる同じ部首の漢字を書き、（　）にはその部首名をひらがなで書きましょう。　一つ8〔32点〕

(1) 毛□《ひつ》の練習。

(2) アンケートの回□《とう》。

(3) 汽□《てき》が聞こえる。

部首名…（　　）

きほん 25

教科書㊦60〜71ページ

月　日

言葉相談室　人物のせいかくと行動を表す言葉
言葉の意味と使い方
百人一首に親しもう

10分　／100点

1 ――の漢字の読みがなを書きましょう。　一つ8〔64点〕

(1) もの静かな人。（　　）
(2) 周りを見る。（　　）
(3) 孫と遊ぶ。（　　）
(4) 梅の花。（　　）
(5) 季節が変わる。（　　）
(6) 絵札を読む。（　　）
(7) 九九の暗唱。（　　）
(8) 安静にする。（　　）

2 次の「山」の意味をア〜ウから選んで、記号で答えましょう。　一つ6〔18点〕

(1) 山に登る。（　　）
(2) 本の山がくずれる。（　　）
(3) 聞きたいことが山ほどある。（　　）

ア　数や量がたくさんあること。
イ　周りの土地よりも高くもり上がった土地。
ウ　高く積み上げたもの。

3 「百人一首」について説明した次の文の（　）に当てはまる言葉をア〜カから選んで、記号で答えましょう。　一つ6〔18点〕

(1) 「百人一首」は、昔の有名な（　　）を百首集めたもの。
(2) 短歌は、五・七・五・七・七の（　　）で表される。
(3) かるた遊びでは、読み手が（　　）の短歌を声に出して読む。

ア　絵札　　イ　字札　　ウ　三十一音　　エ　十七音
オ　俳句《はいく》　　カ　短歌

答えは71ページ

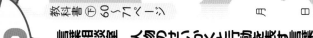

かくにん 25

教科書 ㊦60～71ページ

言葉相談室　人物のせいかくと行動を表す言葉
言葉の意味と使い方
百人一首に親しもう

月　日

10分　／100点

1 □に当てはまる漢字を書きましょう。　一つ7〔49点〕

(1) □《しず》かに歩く。

(2) 湖の□《まわ》り。

(3) □《まご》に会う。

(4) □《うめ》の実を拾う。

(5) □□《きせつ》を感じる。

(6) □□《えふだ》の束。

(7) 詩を□□《あんしょう》する。

2 □に当てはまる、同じ部首の漢字を書きましょう。　一つ6〔24点〕

(1)
① 意味を□《しら》べる。
② 国□《ご》のテスト。

(2)
① □《ねつ》が出る。
② 自□《ぜん》を感じる。

3 （　）に当てはまる言葉をア～ウから選んで、記号で答えましょう。　一つ9〔27点〕

(1) 田中さんは（　　）人だ。いつものんびりしている。

(2) 森さんは（　　）人だ。一番でないとくやしがる。

(3) 北野さんは（　　）人だ。強く自分の意見を言わない。

ア　気が長い
イ　ひかえめな
ウ　負けずぎらいな

きほん 26

教科書 ㊦ 76～77ページ

漢字を使おう８
季節の足音――冬

月　日

10分　／100点

1 ――の漢字の読みがなを書きましょう。　一つ4〔28点〕

(1) 岡山へ行く。（　　）

(2) 雪合戦（　　）

(3) 大阪《さか》府（　　）

(4) 一億人（　　）

(5) 二兆円の予算。（　　）

(6) 帰省する。（　　）

(7) 省令にしたがう。（　　）

2 □に当てはまる漢字を書きましょう。　一つ6〔72点〕

(1) □《もう》しこみをする。

(2) 同じ□□《しゃりょう》。

(3) □□《はんたい》のホーム。

(4) □□《ほうこう》をたしかめる。

(5) 右へ□《すす》む。

(6) □□《せんろ》をわたる。

(7) □□《てつどう》の旅。

(8) □《えき》で会う。

(9) □《いそ》いで向かう。

(10) □□《れっしゃ》が出る。

(11) □□《こうそく》で走る。

(12) ふるさとを□《さ》る。

答えは71ページ

かくにん 26

漢字を使おう8
季節の足音――冬

教科書 ㊦ 76～77ページ

月　日

10分　／100点

1 □に当てはまる漢字を書きましょう。　一つ6〔30点〕

(1) □□《おかやま》の名物。

(2) 大阪《さか》□《ふ》へ行く。

(3) □□《いちおく》の人口《こう》。

(4) □□《にちょう》ドル

(5) □□《しょうれい》を定める。

2 □に当てはまる漢字を書きましょう。　一つ10〔40点〕

(1) □□《しゅっぱつ》の時間。

(2) □□《にもつ》を運ぶ。

(3) 緑の多い□□《とし》。

(4) 馬に□《の》る。

3 冬の生き物を表す言葉三つに、○を付けましょう。　一つ10〔30点〕

ア（　）せみ　イ（　）くま

ウ（　）ちどり　エ（　）おたまじゃくし

オ（　）すずむし　カ（　）はくちょう

キ（　）つばめ　ク（　）かぶとむし

きほん 27

教科書 ㊦ 78～106ページ

数え方を生み出そう／漢字を使おう9
じょうほうのとびら　理由をぎんみする
自分なら、どちらを選ぶか／調べたことをほうこくしよう

月　日

10分　／100点

1 ――の漢字の読みがなを書きましょう。　一つ6〔66点〕

(1) わたしの歩み。（　　）
(2) 建物を調べる。（　　）
(3) 新たに生み出す。（　　）
(4) 希望を持つ。（　　）
(5) 梨の木。（　　）
(6) 丸薬を作る。（　　）
(7) 芸が細かい。（　　）
(8) 茨の道。（　　）
(9) 欠場を知らせる。（　　）
(10) 欠かせない人物。（　　）
(11) 仲間になる。（　　）

2 □に当てはまる漢字を書きましょう。　一つ4〔24点〕

(1) 大切な□《いのち》。
(2) □《ゆび》を□□《いしゃ》に見せる。
(3) □《かわ》があつい。
(4) □□《ひっし》で□《たす》ける。

3 考えの理由を伝える文になるように、合う言葉のほうに○を付けましょう。　一つ5〔10点〕

(1) 昼休みは図書室に行くとよいと思います。
{ア（　）だから／イ（　）なぜなら}、新しい本が入ったからです。

(2) 長生きする人がふえたのは、病気の研究が進んだ
{ア（　）からだと考えます。／イ（　）かもしれません。}

答えは71ページ

かくにん 27

教科書 ㊦ 78〜106ページ

数え方を生み出そう／漢字を使おう9
じょうほうのとびら　理由をぎんみする
自分なら、どちらを選ぶか／調べたことをほうこくしよう

月　日

10分　／100点

1 □に当てはまる漢字を書きましょう。　一つ9〔63点〕

(1) 新しい□□《たてもの》。

(2) □□《きぼう》をかなえる。

(3) □《なし》の皮をむく。

(4) □《げい》をみがく。

(5) □《いばら》を切る。

(6) □□《けつじょう》が決まる。

(7) □□《なかま》を集める。

2 ——の言葉を漢字に直して、文を書き直しましょう。　全部できて〔10点〕

はなぢがしんぱいで、びょういんでそうだんする。

3 次の物の数え方を下から選んで、——で結びましょう。　一つ5〔20点〕

(1) えん筆・　　・ア 枚《まい》
(2) 画用紙・　　・イ 本
(3) 牛　・　　・ウ 軒《けん》
(4) 家　・　　・エ 頭

4 予想とくらべて考えたことを表す文に、○を付けましょう。　〔7点〕

ア（　）アンケートの結果、春と秋が好きな人は同数です。

イ（　）アンケートの結果、予想していたとおり、冬より夏が好きな人が多かったです。

きほん 28

漢字を使おう10

教科書 下 107ページ

月　日

10分

／100点

1 ――の漢字の読みがなを書きましょう。　一つ5〔45点〕

(1) 道徳の時間。（　　）

(2) 口径をはかる。（　　）

(3) 望遠鏡（　　）

(4) 牛肉を買う。（　　）

(5) 牧場へ行く。（　　）

(6) 寺社をめぐる。（　　）

(7) 各地で行われる。（　　）

(8) 氏名を見せる。（　　）

(9) 鏡をふく。（　　）

2 □に当てはまる漢字を書きましょう。　一つ5〔55点〕

(1) □□《あんぜん》な場所。

(2) □□《けんきゅう》を進める。

(3) □《さか》を下る。

(4) □《ひつじ》の群れ。

(5) □□《けんりつ》の図書館。

(6) □□《のうぎょう》を学ぶ。

(7) お□《みや》まいり

(8) □□《しょうひん》を買う。

(9) □□□《くやくしょ》の仕事。

(10) □□《ゆうめい》な人。

(11) 山に□《のぼ》る。

答えは71ページ

かくにん 28

漢字を使おう10

教科書㊦107ページ

月　日

10分　／100点

1 □に当てはまる漢字を書きましょう。　一つ6〔36点〕

(1) □□《どうとく》の教科書。

(2) □□《こうけい》が小さい。

(3) □□□《ぼうえんきょう》を使う。

(4) □□《ぼくじょう》を走る。

(5) □□《かくち》の天気。

(6) 住所と□□《しめい》。

2 □に当てはまる漢字を書きましょう。　一つ8〔32点〕

(1) □□□《ほうそうきょく》の見学。

(2) お□《きゃく》さんが来る。

(3) 一□《ちょう》目の公園。

(4) 道の□□《ちゅうおう》。

3 形に注意して、□に当てはまる漢字を書きましょう。　一つ8〔32点〕

(1)
① 正□《ご》になる。
② □《ぎゅう》肉を食べる。

(2)
① □《かっ》国の代表。
② □《めい》所をめぐる。

きほん 29

教科書 ㊦ 108〜109ページ

同じ読み方の漢字

月　日

10分　／100点

1 ――の漢字の読みがなを書きましょう。　一つ8〔64点〕

(1) 苦労をかける。（　　　）

(2) 南極に行く。（　　　）

(3) 昨夜の出来事。（　　　）

(4) 副大臣の演《えん》説。（　　　）

(5) 放課後の教室。（　　　）

(6) 昨日は雨だった。（　　　）

(7) 新しい機械。（　　　）

(8) 家臣をしたがえる。（　　　）

2 漢字の使い方が正しいほうに、○を付けましょう。　一つ6〔36点〕

(1) かし出しの ｛ア（　）期間　イ（　）気管｝ を守る。

(2) 公園に ｛ア（　）以外　イ（　）意外｝ な人がいた。

(3) 計算問題の答えが全て ｛ア（　）会う。　イ（　）合う。｝

(4) 弟の ｛ア（　）身長　イ（　）新調｝ をはかる。

(5) 戸を ｛ア（　）開ける。　イ（　）明ける。｝

(6) ｛ア（　）街頭　イ（　）街灯｝ がともる。

答えは72ページ

かくにん 29

同じ読み方の漢字

教科書 ㊦ 108〜109ページ

月　　日

10分

／100点

1 □に当てはまる漢字を書きましょう。　一つ6〔36点〕

(1) □□《くろう》が続く。

(2) □□《なんきょく》の氷。

(3) □□《さくや》の天気。

(4) □□□《ふくだいじん》に会う。

(5) □□□《ほうかご》の集まり。

(6) □□《きかい》が動く。

2 □に当てはまる、同じ読みがなの漢字を書きましょう。　一つ8〔64点〕

(1) きょう

① 全員で□力する。

② □力な味方。

(2) し

① 勉強の□方。

② □用中の教室。

(3) き

① 新聞□者

② □車に乗る。

(4) かん

① 虫に□心がある。

② □心な行い。

きほん 30

教科書㊦110〜126ページ

世界一美しいぼくの村

月　日

10分　／100点

1 ――の漢字の読みがなを書きましょう。　一つ8〔48点〕

(1) 果物を食べる。　(2) りんごの香り。　(3) 多様な民族。

(4) 勇気を出す。　(5) 友を信じる。　(6) 勇ましい行動。

2 次の言葉の意味をア〜オから選んで、記号で答えましょう。　一つ4〔20点〕

(1) にぎわい　(2) 行きかう

(3) 色とりどり　(4) もうける

(5) つぶやく

ア　人が多く、活気があること。　イ　利益《えき》を得《え》る。

ウ　行ったり来たりする。　エ　小声で言う。

オ　さまざまな色の種類がある様子。

3 ――の漢字の、二通りの読みがなを書きましょう。　一つ4〔32点〕

(1) ① 連勝する。　② 山が連なる。

(2) ① 包帯をまく。　② 紙で包む。

(3) ① 代表になる。　② 代わりに話す。

(4) ① 心配する。　② 果物を配る。

答えは72ページ

かくにん 30

世界一美しいぼくの村

教科書 ㊦ 110〜126ページ

月　　日

10分

／100点

1 □に当てはまる漢字を書きましょう。　一つ８〔32点〕

(1) □《かお》りをかぐ。

(2) □□《みんぞく》が争う。

(3) □□《ゆうき》が出る。

(4) 言葉を□《しん》じる。

2 □に当てはまる、同じ読みがなの漢字を書きましょう。　一つ８〔32点〕

(1)
① 夏の□《あつ》い日。
② □《あつ》いお茶。

(2)
① よごれが□《つ》く。
② 家に□《つ》く。

3 ——の言葉の使い方が正しいほうに、○を付けましょう。　一つ９〔36点〕

(1)
ア（　　）さばくでは、めったに雨はふらない。
イ（　　）夏になれば、果実はめったに実るだろう。

(2)
ア（　　）見わたすかぎり母が手をふっている。
イ（　　）見わたすかぎり花畑が広がっている。

(3)
ア（　　）店先の魚が飛ぶように売れなかった。
イ（　　）店の商品が飛ぶように売れた。

(4)
ア（　　）たった三日いただけだが、その場所が好きになった。
イ（　　）同じ考えの人がたった八人もいた。

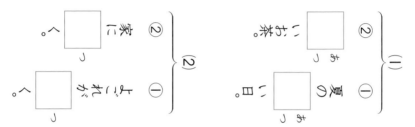

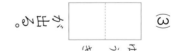

きほん 31

教科書 ㊦ 127ページ

漢字を使おう11

月　日

10分

／100点

1 ――の漢字の読みがなを書きましょう。　一つ4〔100点〕

(1) 宮城県（　）
(2) 新潟県（　）
(3) 富山県（　）
(4) 岐阜県（　）
(5) 茨城県（　）
(6) 栃木県（　）
(7) 群馬県（　）
(8) 埼玉県（　）
(9) 千葉県（　）
(10) 神奈川県（　）
(11) 滋賀県（　）
(12) 大阪府（　）
(13) 奈良県（　）
(14) 鳥取県（　）
(15) 愛媛県（　）
(16) 佐賀県（　）
(17) 長崎県（　）
(18) 熊本県（　）
(19) 大分県（　）
(20) 鹿児島県（　）
(21) 山梨県（　）
(22) 静岡県（　）
(23) 徳島県（　）
(24) 香川県（　）
(25) 沖縄県（　）

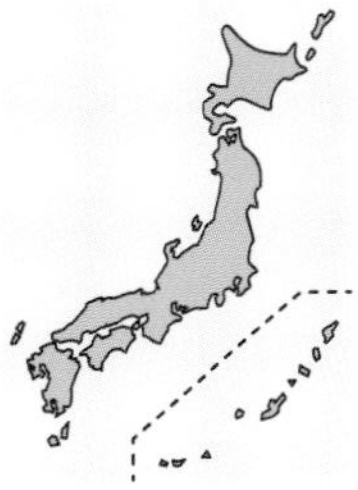

答えは72ページ

かくにん 31

漢字を使おう11

教科書㊦127ページ

月　日

10分　／100点

1 □に当てはまる漢字を書きましょう。　一つ5〔100点〕

(1) □□《みやぎ》県の地形。

(2) □□《にいがた》県の米。

(3) □□《とやま》県の港。

(4) □□《ぎふ》県の名所。

(5) □□《いばらき》県の産業。

(6) □□《とちぎ》県の農業。

(7) □□《ぐんま》県の観光地。

(8) □□《さいたま》県にある駅。

(9) □□《ちば》県の海岸線。

(10) □□□《かながわ》県の海。

(11) □□《しが》県の湖。

(12) □□《おおさか》府のしろ。

(13) □□《なら》県にある寺。

(14) □□《とっとり》県の特産品。

(15) □□《えひめ》県

(16) □□《さが》県と□□《ながさき》県。

(17) □□《くまもと》県

(18) □□《おおいた》県と□□□《かごしま》県。

答え

1　3・4ページ

1 (1)がっき　(2)そうこ　(3)す
(4)さ　(5)はたら　(6)しつれい
(7)つつ　(8)たと　(9)めいあん
(10)つづ　(11)へんか　(12)つた
(13)うしな　(14)れいぶん

2 (1)ア　(2)イ　(3)エ　(4)ウ

3 (1)おぼ　(2)かく

★★★

1 (1)楽器　(2)倉庫　(3)巣　(4)働
(5)失礼　(6)例　(7)名案　(8)伝

2 (1)包む　(2)続ける　(3)変わる

3 (1)イ　(2)ア

2　5・6ページ

1 (1)か　(2)ただ　(3)もと
(4)きろく　(5)じりつ　(6)みずか
(7)どりょく　(8)しぜん
(9)しゃくよう　(10)ついきゅう
(11)てんねん

2 (1)詩集　(2)文章　(3)童話
(4)地球　(5)目次　(6)予定　(7)係
(8)調　(9)筆箱

★★★

1 (1)借　(2)求　(3)記録　(4)努力
(5)自然

2 (1)問題集で、漢字や主語の勉強をする。
(2)学級委員の山田君に、れんらく帳をわたす。

3 (1)①返　②帰　(2)①球　②求

3　7・8ページ

1 (1)ぶんるい　(2)ほうほう
(3)りょう　(4)べつ　(5)さんか
(6)め　(7)ししょ

2 ウ

3 ア・イ・オ・カ

★★★

1 (1)分類　(2)方法　(3)別・料
(4)参加　(5)芽　(6)司書

2 (1)①参考　②参
(2)①加工　②加

3 (1)イ　(2)ア　(3)ウ

4　9・10ページ

1 (1)じてん　(2)な　(3)せつめい
(4)れんきゅう　(5)つら
(6)ひつじゅん　(7)おんくん
(8)しゅるい　(9)べんり　(10)なお
(11)たね

2 (1)じ　(2)ち　(3)おさ

3 (1)ウ　(2)ア　(3)イ

★★★

1 (1)辞典　(2)成　(3)説明　(4)連休
(5)筆順　(6)種類　(7)便利　(8)治

2 (1)ア　(2)ウ　(3)イ

5　11・12ページ

1 (1)かんさつ　(2)じっけん
(3)こうぶつ　(4)と　(5)かんけい
(6)はく　(7)けっか　(8)きかい

2 (1)ウ　(2)イ　(3)ア　(4)エ

3 (1)イ　(2)ア　(3)ア

★★★

1 (1)観察　(2)実験　(3)好物　(4)飛
(5)関係　(6)博　(7)結果　(8)機会

2 (1)結　(2)級　(3)終　(4)緑

3 (1)かかえる　(2)おしつける

6　13・14ページ

1 (1)りょう　(2)ねっとう
(3)しみず　(4)ぎょせん
(5)たいりょう　(6)みょうちょう
(7)がいちゅう　(8)ざいりょう
(9)かんせい

2 (1)きよ　(2)せい

3 (1)家族　(2)部屋　(3)整理
(4)銀色　(5)車庫　(6)五階　(7)宿題
(8)自由

★★★

1 (1)量　(2)熱湯　(3)清書　(4)漁船
(5)害虫　(6)材料

2 (1)家　(2)完　(3)害

3 (1)ウ　(2)エ　(3)ア　(4)イ

7　15・16ページ

1 (1)てつだ　(2)そう　(3)やくそく
(4)せき　(5)にい　(6)わら　(7)とく
(8)や　(9)きょう　(10)はじ　(11)はた
(12)もっと

2 (1)イ　(2)ウ　(3)ア

3 (1)しょ　(2)はつ

★★★

1 (1)約束　(2)席　(3)二位　(4)笑
(5)特　(6)焼　(7)競　(8)初　(9)旗
(10)最

2 (1)約　(2)役

3 (1)イ　(2)イ

8　17・18ページ

1 (1)がんねん　(2)けんこう
(3)じょうたつ　(4)じなん
(5)せきどう　(6)なか

2 (1)早起　(2)代表　(3)注意　(4)息
(5)体育館　(6)期待　(7)八秒　(8)勝負
(9)運動　(10)打　(11)練習　(12)泳
(13)身体　(14)悪

★★★

1 (1)元年　(2)健康　(3)上達
(4)次男（二男）　(5)赤道　(6)半

2 (1)転ぶ　(2)投げる

3 (1)運　(2)近　(3)速　(4)達

9　19・20ページ

1 (1)かいが　(2)せいこう
(3)しっぱい　(4)しつぼう
(5)ともだち　(6)のぞ

2 (1)イ　(2)ア　(3)ウ　(4)エ

3 (1)ウ　(2)エ　(3)ア　(4)イ

★★★

1 (1)絵画　(2)成功　(3)失敗　(4)失望

2 (1)①習　②練習　(2)①表　②表面
(3)①最　②最小　(4)①色　②二色

3 (1)ア　(2)ウ　(3)イ

10　21・22ページ

1 (1)きょうかん　(2)えいご
(3)けつまつ　(4)あい
(5)ぶ　(6)てんこう
(7)かざぐるま（ふうしゃ）
(8)お　(9)しきし　(10)とも　(11)すえ

2 (1)昔　(2)式　(3)昭和　(4)氷
(5)文化　(6)気温　(7)神社　(8)道具
(9)感想

★★★

1 (1)共感　(2)英語　(3)結末　(4)愛
(5)天候　(6)折

2 (1)終わる　(2)使う　(3)守る
(4)開く　(5)流れ

3 (1)感　(2)意　(3)愛　(4)悪

11　23・24ページ

1 ふた

2 (1)おとうさん　(2)でんしゃ
(3)がっこう　(4)ほんや

3 (1)イ　(2)ア　(3)イ　(4)イ

★★★

1 二

2 (1)とうきょう　(2)ちば
(3)でんえん　(4)ちゅうしゃ

3 (1) mikazuki（mikaduki）
(2) gakkyû　(3) pan'ya
(4) hassya（hassha）

12 25・26ページ

1 (1)こう　(2)もくてき　(3)ひつよう　(4)いんさつ　(5)えら　(6)まと

2 (順序《じょ》なし)ア・ウ・カ・ク

3 (1)イ　(2)ア　(3)イ　(4)ア

★★★

1 (1)目的　(2)必要　(3)印刷　(4)選

2 (順序《じょ》なし)(1)委→意・洋→要　(2)線→選・筆→必

3 (1)オ　(2)エ　(3)ウ　(4)ア

13 27・28ページ

1 (1)ねが　(2)そうふ　(3)きょうりょく　(4)がんしょ　(5)つ

2 (1)オ　(2)カ　(3)エ　(4)ウ　(5)ア　(6)イ

3 (1)イ　(2)エ　(3)ア　(4)ウ

★★★

1 (1)願　(2)送付　(3)協力　(4)願書

2 (1)願・順　部首名…おおがい　(2)仕・付　部首名…にんべん

3 イ・エ

14 29・30ページ

1 (1)つ　(2)ぎょふ　(3)まじ　(4)いがい　(5)ぎだい　(6)もくひょう

2 (1)ウ　(2)ア　(3)オ　(4)エ　(5)イ

3 (1)イ　(2)ウ　(3)ア

★★★

1 (1)積　(2)漁夫　(3)以外　(4)議題　(5)目標

2 (1)積　(2)夫　(3)議

3 (1)エ　(2)ウ　(3)ア　(4)イ

15 31・32ページ

1 (1)ぐんしゅう　(2)む　(3)ぐんぶ　(4)きかん　(5)けっかん　(6)ねいろ　(7)と　(8)とほ　(9)しらなみ　(10)にゅうよく　(11)あ

2 (1)本州　(2)世界　(3)橋　(4)汽笛　(5)岸　(6)号　(7)仕事　(8)追

★★★

1 (1)群集　(2)血管　(3)富　(4)徒歩　(5)入浴

2 (1)波　(2)湖　(3)港　(4)洋　(5)深　(6)決

3 (1)①群　②郡　(2)①官　②管

16 33・34ページ

1 (1)がいとう　(2)せんきょ　(3)とうひょう　(4)そつぎょう　(5)かもつせん　(6)おき　(7)あ

2 (1)小さい　子どもが　笑う。
(2)茶色い　大きな　犬が　ワンと　ほえた。
(3)姉は、　いきおいよく　かさを　さした。

3 (1)イ　(2)エ　(3)ア　(4)ウ

★★★

1 (1)街灯(外灯)　(2)選挙　(3)投票　(4)卒業　(5)貨物船　(6)沖

2 (1)貨　(2)買　(3)負　部首名…かい(こがい)

3 (1)回る　(2)出る　(3)見つける

(4)すてきな

17 35・36ページ

1 (1)せんそう (2)はいきゅう
(3)はん (4)ず (5)ほうたい (6)な
(7)ぐんか (8)へいたい (9)いちりん
(10)けい (11)たたか (12)あらそ
(13)めし (14)お

2 (1)イ (2)イ

3 (1)ぷい (2)きゃっきゃっ

★★★

1 (1)戦争 (2)配給 (3)飯 (4)包帯
(5)泣 (6)軍歌 (7)兵隊 (8)一輪
(9)景

2 (1)隊 (2)院

3 (1)エ (2)ウ

18 37・38ページ

1 (1)せいしゅん (2)こうはん
(3)にんぎょう (4)ちか (5)あさ
(6)そこ (7)ち (8)あいけん
(9)さんぽ (10)じどう

2 (1)太陽 (2)庭 (3)柱 (4)畑
(5)植物 (6)豆 (7)葉 (8)緑 (9)実
(10)根

★★★

1 (1)浅 (2)底 (3)散 (4)児童

2 (1)拾う (2)落とす (3)美しい
(4)暑い (5)寒い

3 (1)①秋 ②春 (2)①前 ②後
(3)①深 ②浅

19 39・40ページ

1 (1)いしょくじゅう (2)べい (3)お
(4)さ (5)ちょうせつ (6)たん
(7)いち (8)さ

2 (1)イ (2)ウ (3)エ (4)ア

3 (1)6 (2)10 (3)13 (4)9

★★★

1 (1)衣食住 (2)置 (3)差 (4)調節
(5)単

2 (1)①単 ②巣 (2)①表 ②衣

3 (1)イ (2)ア

20 41・42ページ

1 (1)えいよう (2)しお (3)むけい
(4)さん (5)すいさんしょう (6)さか
(7)やしな (8)えんぶん (9)う

2 (1)イ (2)ウ (3)ア (4)オ (5)エ

3 (1)①ぶ ②な (2)①せい ②はぶ

★★★

1 (1)栄養 (2)塩 (3)無形 (4)産
(5)水産省

2 (1)栄える (2)養う
(3)産まれる（生まれる） (4)省く
(5)調べる (6)好み

3 イ・ウ・カ・キ

21 43・44ページ

1 (1)しょうめい (2)しゅくじつ
(3)しあい (4)くま (5)しか (6)のこ
(7)ふあん (8)て (9)いわ (10)こころ

2 (1)イ (2)ア

3 (1)イ (2)ウ (3)ア

★★★

1 (1)照明 (2)祝日 (3)試合 (4)鹿
(5)残 (6)不安

2 (1)然 (2)照 (3)熊
部首名…れっか（れんが）

3 (1)が (2)し (3)ので

22 45・46ページ

1 (1)かんれい (2)こうてい
(3)うせつ (4)ふまん (5)みち
(6)ふぼ (7)ろうぼく
(8)りょうこう (9)ちゃくりく
(10)でんごん (11)かいぎょう

2 (1)勝敗 (2)海底 (3)乗車
(4)未知

★★★

1 (1)寒冷 (2)高低 (3)不満
(4)未知 (5)老木 (6)良好 (7)着陸
(8)改行

2 (1)小 (2)短 (3)後 (4)暗

23 47・48ページ

1 (1)しろ (2)あた (3)なたね
(4)や (5)いど (6)まつ (7)がわ
(8)ふしぎ (9)ねん (10)なわ (11)かた
(12)こじょう

2 (1)ア (2)ウ (3)イ (4)エ

3 (1)へん (2)べ

★★★

1 (1)城 (2)辺 (3)菜種 (4)井戸
(5)松 (6)側 (7)念 (8)縄 (9)固

2 (1)①神 ②礼 (2)①表 ②麦

3 ア

24 49・50ページ

1 (1)もうひつ (2)ねんが
(3)とうあん (4)しょうじき
(5)ふなたび (6)おうごん
(7)せいてん (8)はごいた
(9)けしき

2 (1)短・重 (2)持 (3)倍 (4)幸福
(5)味見 (6)平等 (7)皿・板 (8)礼
(9)暗

★★★

1 (1)年賀 (2)答案

2 (1)始まる (2)軽い (3)受け取る

3 (1)①持 ②待 (2)①板 ②坂

4 (1)筆 (2)答 (3)笛
部首名…たけかんむり

25 51・52ページ

1 (1)しず (2)まわ (3)まご
(4)うめ (5)きせつ (6)えふだ
(7)あんしょう (8)あんせい

2 (1)イ (2)ウ (3)ア

3 (1)カ (2)ウ (3)ア

★★★

1 (1)静 (2)周 (3)孫 (4)梅 (5)季節
(6)絵札 (7)暗唱

2 (1)①調 ②語 (2)①熱 ②然

3 (1)ア (2)ウ (3)イ

26 53・54ページ

1 (1)おかやま (2)がっせん (3)ふ
(4)いちおく (5)にちょう (6)きせい
(7)しょうれい

2 (1)申 (2)車両 (3)反対 (4)方向
(5)進 (6)線路 (7)鉄道 (8)駅 (9)急
(10)列車 (11)高速 (12)去

★★★

1 (1)岡山 (2)府 (3)一億 (4)二兆
(5)省令

2 (1)出発 (2)荷物 (3)都市 (4)乗

3 イ・ウ・カ

27 55・56ページ

1 (1)あゆ (2)たてもの (3)あら
(4)きぼう (5)なし (6)がんやく
(7)げい (8)いばら (9)けつじょう
(10)か (11)なかま

2 (1)命 (2)指・医者 (3)皮
(4)必死・助

3 (1)イ (2)ア

★★★

1 (1)建物 (2)希望 (3)梨 (4)芸
(5)茨 (6)欠場 (7)仲間

2 鼻血が心配で、病院で相談する。

3 (1)イ (2)ア (3)エ (4)ウ

4 イ

28 57・58ページ

1 (1)どうとく (2)こうけい
(3)ぼうえんきょう (4)ぎゅうにく
(5)ぼくじょう（まきば） (6)じしゃ
(7)かくち (8)しめい (9)かがみ

2 (1)安全 (2)研究 (3)坂 (4)羊
(5)県立 (6)農業 (7)宮 (8)商品
(9)区役所 (10)有名 (11)登

★★★

1 (1)道徳 (2)口径 (3)望遠鏡
(4)牧場 (5)各地 (6)氏名

2 (1)放送局 (2)客 (3)丁 (4)中央

3 (1)①午 ②牛 (2)①各 ②名

29 59・60ページ

1 (1)くろう (2)なんきょく
(3)さくや (4)ふくだいじん
(5)ほうかご (6)きのう（さくじつ）
(7)きかい (8)かしん

2 (1)ア (2)イ (3)イ (4)ア (5)ア
(6)イ

★★★

1 (1)苦労 (2)南極 (3)昨夜
(4)副大臣 (5)放課後 (6)機械

2 (1)①協 ②強 (2)①仕 ②使
(3)①記 ②汽 (4)①関 ②感

30 61・62ページ

1 (1)くだもの (2)かお
(3)みんぞく (4)ゆうき (5)しん
(6)いさ

2 (1)ア (2)ウ (3)オ (4)イ (5)エ

3 (1)①れん ②つら
(2)①ほう ②つつ (3)①だい ②か
(4)①ぱい ②くば

★★★

1 (1)香 (2)民族 (3)勇気 (4)信

2 (1)①暑 ②熱 (2)①付 ②着

3 (1)ア (2)イ (3)イ (4)ア

31 63・64ページ

1 (1)みやぎ (2)にいがた
(3)とやま (4)ぎふ (5)いばらき
(6)とちぎ (7)ぐんま (8)さいたま
(9)ちば (10)かながわ (11)しが
(12)おおさか (13)なら (14)とっとり
(15)えひめ (16)さが (17)ながさき
(18)くまもと (19)おおいた
(20)かごしま (21)やまなし
(22)しずおか (23)とくしま
(24)かがわ (25)おきなわ

★★★

1 (1)宮城 (2)新潟 (3)富山
(4)岐阜 (5)茨城 (6)栃木 (7)群馬
(8)埼玉 (9)千葉 (10)神奈川 (11)滋賀
(12)大阪 (13)奈良 (14)鳥取 (15)愛媛
(16)佐賀・長崎 (17)熊本
(18)大分・鹿児島

3 2 1 0 9 8 7 6 5 4 ＊ ＊ D C B A